Curieux de savoir
AVEC LIENS INTERNET

Table des matières

Que veut dire le mot *scrapbooking*?

Scrapbooking est un mot anglais qui signifie
« fabriquer un livre avec des **retailles**
et de petites choses ». @

retailles :
les morceaux qui restent après que l'on a découpé du carton,
du papier, du tissu ou du ruban sont appelés retailles.

- Qui a inventé
  le *scrapbooking*? @

- À quoi sert
  le *scrapbooking*? @

- Comment apprend-on
  le *scrapbooking*? @

- Où trouve-t-on
  le matériel
  de *scrapbooking*? @

Le *scrapbooking* est un moyen génial de conserver tes souvenirs en créant des albums
qui racontent les plus beaux moments de ta vie.
Dans les pages suivantes, les images qui accompagnent le texte contiennent un secret.
À toi de le découvrir...

Il était une fois... mes vacances

Raconté par Sylvie Roberge
Illustré par Kim Lanouette

Cher grand-papa,
je suis très content
du cadeau que tu m'as offert
pour mon anniversaire.
Cet appareil photo est SUPER !
Son objectif est un œil magique.
Grâce à lui,
je vois des choses
FANTASTIQUES !

objectif :
l'objectif est la partie de l'appareil photo
qui transmet l'image des objets
qu'on veut photographier.

J'ai décidé de te raconter
mes vacances d'été
avec mes photos préférées.
Papa m'a aidé à écrire les textes.
Maman m'a donné des trucs
pour le montage des images.
Mais j'ai collé tout seul
les objets que j'ai trouvés.

Félix

En marchant sur la grève,
j'ai ramassé des cailloux
qui ressemblent à des bijoux.

Une petite fille danse sur l'un
d'entre eux. Je crois que la mer la
trouvait jolie et qu'elle l'a dessinée
pour ne pas l'oublier.

grève :
le long de la mer,
la grève est un terrain plat,
couvert de cailloux ou de sable.

CaiLLOUX

Parmi tous ces cailloux,
un coquillage abandonné
s'ennuie. Le vois-tu?

La mer est gourmande.
Elle a avalé mon château de sable
d'un grand coup de langue salée.
Je n'ai pas réussi à le défendre.
Ça m'a fait pleurer.

La saison de pêche est terminée.
Les pêcheurs ont empilé
leurs cages sur le quai.
En regardant de plus près,
j'ai aperçu un oursin
et une étoile de mer.
Ils respiraient encore.
Je les ai libérés.

oursin :
l'oursin vit au fond de la mer.
Son corps est protégé par une coquille
dure et recouverte d'épines.

ÉTOILE
DE
MER

J'ai la chair de poule!
Vu d'aussi près, le homard
est un véritable monstre.

Mais je ne peux pas
m'empêcher de l'admirer.

chair de poule :
quand on frissonne parce
qu'on a peur ou qu'on a froid,
on dit qu'on a la chair de poule.

pince

œil

antenne

carapace

Ma tortue aussi est très belle.
Je pense souvent à elle.
Je crois qu'elle s'ennuie
quand je ne suis pas là.
J'aurais aimé lui trouver
une amie. Mais les tortues
comme Loki ne vivent pas
dans les îles où je suis allé.

Bleu, vert, rose, violet, turquoise...
Là-bas, les maisons sont multicolores.

C'est peut-être les enfants
qui choisissent les couleurs
de leurs demeures.

Leurs fenêtres ressemblent
à de grands yeux.

Je me demande
à quoi les maisons rêvent
en regardant la mer.

17

Après avoir vu mes photos,
as-tu deviné où j'ai passé
mes vacances d'été?
Si tu regardes à nouveau
toutes les pages, tu verras
que des lettres se cachent
dans les images.

En les lisant dans l'ordre,
tu découvriras le nom
de cet endroit.

Tu aimerais faire du *scrapbooking*? Rassemble d'abord le matériel dont tu auras besoin.

1 Une boîte de carton vide
Taille-la à la grandeur de ton choix. Elle te fournira une base solide pour coller ton montage.

2 Les emballages de cadeaux que tu as reçus
Le papier fera un joli fond de page. Les motifs découpés et le ruban serviront à la décoration.

3 Des documents imprimés
Dans les catalogues, les feuillets publicitaires et les journaux, tu découvriras des photos et du texte à découper.

4 Des retailles

Tu trouveras chez toi des bouts de laine, de ruban ou de cordelette. Récupère aussi les boutons des vêtements que tu ne portes plus.

5 Des produits de la nature

Profite de tes sorties pour ramasser des coquillages, du sable, des cailloux, des fleurs, des feuilles, des pommes de pin.

6 Des souvenirs de voyage

Sers-toi d'une carte routière pour montrer le trajet parcouru. Conserve la monnaie d'un pays étranger, le napperon de papier du restaurant que tu as préféré ou le programme d'un spectacle auquel tu as assisté.

Procure-toi une règle.
Elle te servira à tracer les lignes,
à mesurer et à aligner
les photos. @

**Il te faut des ciseaux
pour découper.**
Les ciseaux de fantaisie
produisent des effets
de vague ou
de zigzag. @

Le gabarit facilite le découpage.
Il suffit de suivre
le patron proposé. @

**La colle en bâton
est parfaite
pour coller
les papiers.**
Elle permet aussi
de fixer les
décorations. @

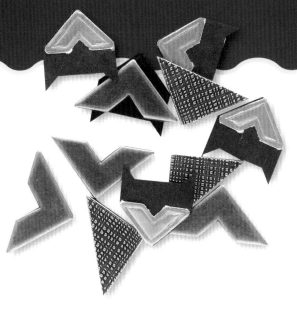

Les poinçons fabriquent des confettis.
Tu as le choix entre plusieurs formes. @

Les coins maintiennent les photos en place.
Si tu décides de retirer une photo,
tu pourras le faire sans l'abîmer. @

Les attaches parisiennes
sont pratiques
pour fixer des éléments.
Elles servent aussi
de décorations. @

Les tampons servent
à reproduire des motifs.
Tu peux les colorier
avec un tampon encreur
ou des crayons
de couleurs. @

Toutes les couleurs peuvent être créées à partir du bleu, du rouge et du jaune.

Ce sont les trois couleurs primaires.

Le mélange de deux couleurs primaires en quantité égale donne naissance à une couleur secondaire. @

Le bleu et le rouge donnent le violet.

Le rouge et le jaune donnent l'orange.

Le jaune et le bleu donnent le vert.

Chaque couleur primaire est complémentaire d'une couleur secondaire. @

Le bleu est complémentaire de l'orange.

Le rouge est complémentaire du vert.

Le jaune est complémentaire du violet.

Pour créer des nuances, on augmente la quantité d'une couleur par rapport à l'autre.
Le vert pomme s'obtient en ajoutant un peu de jaune au vert. Le rouge tomate, en ajoutant un peu de jaune au rouge.

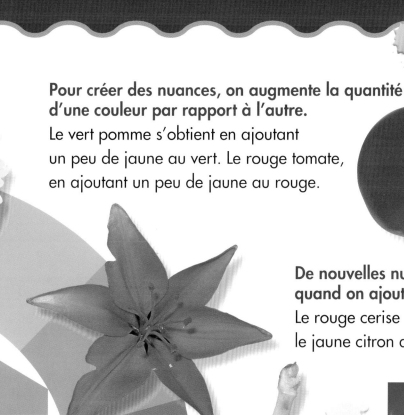

De nouvelles nuances apparaissent quand on ajoute du blanc à une couleur.
Le rouge cerise passe au rose, le jaune citron devient jaune banane. @

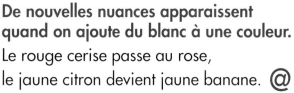

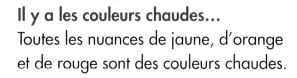

Il y a les couleurs chaudes…
Toutes les nuances de jaune, d'orange et de rouge sont des couleurs chaudes.

… et les couleurs froides.
Toutes les nuances de bleu, de vert et de violet sont des couleurs froides.

En *scrapbooking*, le choix des couleurs est très important. @
Les couleurs chaudes apportent de la gaieté.
Les couleurs froides invitent à rêver.

À toi de jouer !

Rassemble tes photos en fonction d'un thème.
Découpe-les ou déchires-en certaines parties pour conserver uniquement celle que tu veux montrer. @

thème :
le thème est le sujet dont tu veux parler : un ami, un anniversaire, un animal, un voyage, etc.

Sélectionne le papier de fond et les papiers décoratifs.
Inspire-toi des photos pour en déterminer les couleurs.

papier de fond :
le papier de fond est celui qu'on utilise pour recouvrir la base de carton sur laquelle on fait les collages.

Utilise des papiers unis et des papiers à motifs.
Amuse-toi à combiner les couleurs complémentaires. Utilise plusieurs nuances d'une même couleur. @

Colle le papier de fond sur la base de carton.
Sers-toi des autres papiers pour encadrer les photos.
Glisse chaque montage sur la page avant de le fixer au bon endroit. @

Décide de la place à donner au texte.
Trouve un titre et des commentaires amusants. Tu peux aussi raconter une courte histoire ou inventer une devinette. @

Ajoute les ornements.
Fixe les objets que tu as choisis pour embellir ta page. @

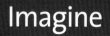

Quel plaisir de pratiquer le *scrapbooking* ensemble !
On échange des photos, du matériel, des idées. @

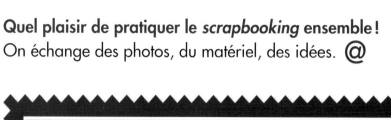

Les ateliers offrent la possibilité de réaliser de beaux projets.
On y apprend les techniques de base du *scrapbooking*. @

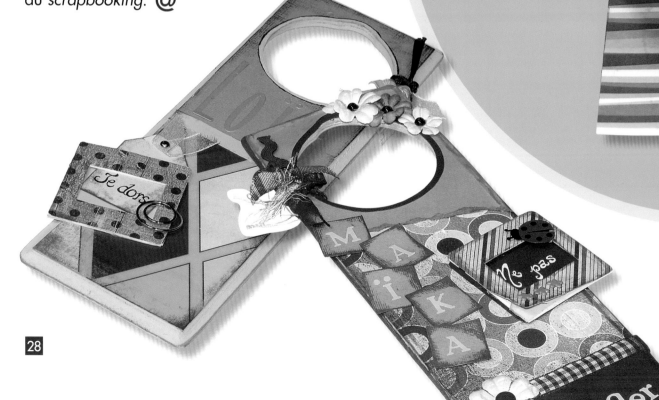

On peut aussi pratiquer
le *scrapbooking* à l'école.
C'est une façon originale
de décorer son portfolio
d'activités. @

Des jeux pour observer

1 Pour réaliser ce tableau l'artiste a utilisé cinq tubes de peinture. Il en manque un sur sa palette. Lequel ?

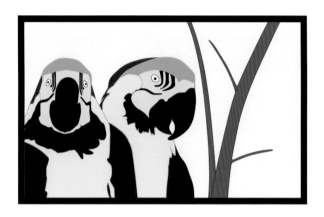

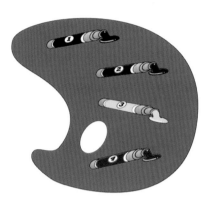

2 Lequel de ces deux plans l'illustratrice a-t-elle suivi pour réaliser cette page de *scrapbooking* ?

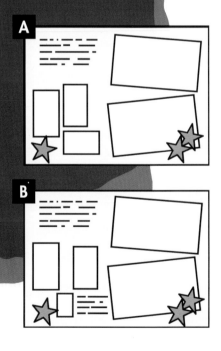

3

Associe chacune des photos aux étapes de fabrication de ce joli carnet d'adresses. @

1. Colle des pastilles de couleur autour des pages.
2. Attache des rubans à la spirale.
3. Colle un papier décoratif de chaque côté de la couverture.
4. Marque les trous à perforer.

A

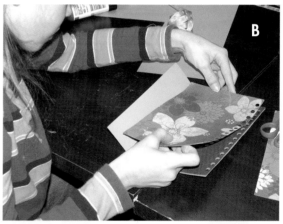

B

C

D

Vérifie ce que tu as retenu

Réponds par VRAI ou FAUX aux affirmations suivantes.

(Sers-toi du numéro de page indiqué pour vérifier ta réponse.)

1 Une boîte de carton vide peut servir de base au montage d'une page de scrapbooking.
PAGE 20

2 La colle en bâton n'est pas recommandée pour fixer les décorations.
PAGE 22

3 On utilise le poinçon pour colorier les tampons.
PAGE 23

4 Les couleurs primaires sont le bleu, le rouge et le vert.
PAGE 24

5 Pour créer des nuances, on ajoute du blanc à une couleur pure.
PAGE 25

6 Le violet est une couleur froide.
PAGE 25

7 Le choix des photos s'effectue en fonction d'un thème.
PAGE 26

Réponses : 1 VRAI 2 FAUX 3 FAUX 4 FAUX 5 VRAI 6 VRAI 7 VRAI

Catalogage avant publication de Bibliothèque et Archives Canada

Roberge, Sylvie

Le *scrapbooking*

(Curieux de savoir : avec liens Internet)
Comprend un index.
Sommaire : Il était une fois… mes vacances.
Pour enfants de 6 ans et plus.

ISBN 978-2-89512-574-7

1. Photographies – Albums – Ouvrages pour la jeunesse.
2. Photographies – Conservation et restauration – Ouvrages pour la jeunesse. 3. Albums de coupures – Ouvrages pour la jeunesse. I. Lanouette, Kim. II. Titre. III. Titre : Il était une fois… mes vacances. IV. Collection : Curieux de savoir.

TR465.R62 2007   j745.593   C2006-942260-5

Direction artistique, recherche et texte documentaire, liens Internet : Sylvie Roberge

Graphisme et mise en pages : Dominique Simard

Dessin du château de sable, page 9 : Félix Duval

Dessins de la page 30 : Guillaume Blanchet

Révision et correction : Corinne Kraschewski

Photographies :

© Sylvie Roberge : page 1 de couverture (haut), 2, 3, 4 (droite), 5 à 21, 22 (haut), 24, 25, 26 (haut et milieu), 27 (haut, milieu et bas droite), 28, 29, 31

© Kim Lanouette : page 4 (gauche)

© Omer DeSerres : page 1 de couverture (bas), 22 (milieu, bas), 23, 26 (bas), 27 (bas, gauche)

Istockphoto : page 24, 25 (fleurs jaune, bleu et violet)

Projets créatifs de scrapbooking

L'Atelier du papier : page 2, 26 (milieu), 27 (bas droite), 28, 29

L'éditeur remercie madame Josée Petitclerc, et ses élèves : page 26 (haut), 27 (haut et milieu), 29

Nous remercions le Conseil des Arts du Canada de l'aide accordée à notre programme de publication.

Nous reconnaissons l'aide financière du gouvernement du Canada par l'entremise du Programme d'aide au développement de l'industrie de l'édition (PADIÉ) pour nos activités d'édition.

Nous reconnaissons l'aide financière du gouvernement du Québec par l'entremise du Programme de crédit d'impôt pour l'édition de livres – SODEC – et du Programme d'aide aux entreprises du livre et de l'édition spécialisée.

© **Les Éditions Héritage inc. 2007**
Tous droits réservés
Dépôt légal : 2e trimestre 2007
Bibliothèque et Archives du Québec
Bibliothèque nationale du Canada

Dominique et compagnie
300, rue Arran, Saint-Lambert (Québec) J4R 1K5
Téléphone : 514 875-0327 ; Télécopieur : 450 672-5448
Courriel : dominiqueetcompagnie@editionsheritage.com

Imprimé en Chine
10 9 8 7 6 5 4 3 2 1

Curieux de savoir

AVEC LIENS INTERNET offre une foule d'informations aux enfants curieux. Le signe @ t'invite à visiter la page **www.dominiqueetcompagnie.com/pedagogie** afin d'en savoir plus sur les sujets qui t'intéressent.